Novena

# SAN RAFAEL

## Por Laila Pita

www.solonovenas.com
#2500-809

CORAZÓN RENOVADO

## UN POCO DE HISTORIA

El Arcángel Rafael es el Ángel que sanó al patriarca Tobías. Es el Santo patrono de los enfermos y mutilados de guerra. Junto con Miguel y Gabriel, es conocido por nombre dentro de la tradición cristiana. Rafael significa en Hebreo: "el Dios El ha sanado", "sana, El", "medicina de El" (El se refiere a Dios). El libro de Tobías 7,15 (en la Biblia), narra que Rafael fue enviado para acompañar a Tobit y a su hijo para buscarle una esposa piadosa al joven. El camino era largo y peligroso y Tobit estaba ciego. Se trataba de Sara, varias veces viuda, debido a que un demonio enamorado de ella, mataba a sus esposos en la noche de bodas. El Ángel se presentó como "Azarías" hijo de "Ananías", al finalizar el viaje curó a Tobit de la ceguera y le dejó ver que era un Ángel y le instruye para

2

pescar un pez para sacarle las vísceras que serían utilizadas para alejar al demonio enamorado de Sara. Por esta razón también se le considera a Rafael, protector del noviazgo o de los novios, pero no el que los promueve como Cupido. Es festejado el 24 de octubre.

## MILAGRO

En la ciudad de Córdoba había una epidemia de peste. El Ángel Rafael se le apareció varias veces al padre Roelas. En la madrugada del 7 de mayo de 1578 apareció nuevamente y le dijo: "Yo te juro, por Jesucristo Crucificado, que soy Rafael, ángel a quién Dios tiene puesto por guarda de esta ciudad". Después de esta aparición dejaron de morir las personas a causa de la peste. Desde entonces muchos cordobeses reclaman a San Rafael como el patrono de Córdoba. Otros lo consideran el patrono de la ciudad de Hellín (Albacete).

## ORACIÓN DIARIA

San Rafael Arcángel Sagrado custodio de las almas buenas, sanas el espíritu y alivias las penas. Haz guardia a mí alrededor para que únicamente pueda tocarme lo que sea limpio y puro. Ángel Santo tú que estás tan cerca de Dios, intercede por mi ante El para estar seguro. Con tu Sagrada espada llena de luz mi espíritu y con tu bondad sé mi mecenas. Para que a mí sólo lleguen cosas buenas. Con tu gran poder levanta un fuerte muro. Arcángel poderoso vela por mí ahora y en el futuro.

## HAGA SU PETICIÓN

Aquí estoy hincado a tus pies. Con la luz de tus quinqués que no tienen comparación alumbra a este humilde feligrés que viene a hacerte esta petición.

Te ruego con todo mi corazón me concedas... (Se hace la petición)

Esto es un asunto de interés te suplico tu atención me des. Concédeme lo que te pido en esta ocasión y con tu divina protección me ayudes, para que seas tú siempre mi salvación.

Padre Nuestro, que estás en el cielo, santificado sea tu nombre; venga a nosotros tu reino; hágase tu voluntad, en la tierra como en el cielo. Danos hoy nuestro pan de cada día; perdona nuestras ofensas, como también nosotros perdonamos a los que nos ofenden; no nos dejes caer en la tentación, y líbranos del mal. Amén.

Dios te salve, María, llena eres de gracia, el Señor es contigo. Bendita tú eres entre todas las mujeres, y bendito es el fruto de tu vientre: Jesús. Santa María, Madre de Dios, ruega por nosotros, pecadores, ahora y en la hora de nuestra muerte. Amén.

Gloria al Padre, al Hijo y al Espíritu Santo. Como era en el principio, ahora y siempre, por los siglos de los siglos. Amén.

## DÍA PRIMERO

Gran Guerrero celeste mi amor por ti cada día crece, con tu gran poder mi alma se enriquece. Poderoso Arcángel limpia mi espíritu de emociones negativas, por otras positivas, para que eche fuera todo lo que lo ensombrece. La bendición que amoroso das a mi corazón ingrese. Dame la inteligencia para hacer cosas creativas y poder mejorar mis expectativas. Glorioso Ángel Rafael si caigo nuevamente en depresiones haz que pronto regrese y que la experiencia sopese. A protegerme ven Santísimo Arcángel con todas tus comitivas.

Padre Nuestro, que estás en el cielo, santificado sea tu nombre; venga a nosotros tu reino; hágase tu voluntad, en la tierra como en el cielo. Danos hoy nuestro pan de cada día; perdona nuestras ofensas,

8

como también nosotros perdonamos a los que nos ofenden; no nos dejes caer en la tentación, y líbranos del mal. Amén.

Dios te salve, María, llena eres de gracia, el Señor es contigo. Bendita tú eres entre todas las mujeres, y bendito es el fruto de tu vientre: Jesús. Santa María, Madre de Dios, ruega por nosotros, pecadores, ahora y en la hora de nuestra muerte. Amén.

Gloria al Padre, al Hijo y al Espíritu Santo. Como era en el principio, ahora y siempre, por los siglos de los siglos. Amén.

## DÍA SEGUNDO

San Rafael Arcángel soldado celestial, guardián de la tierra protegida con tu espada de fino metal, llena mi espíritu de luz para que solamente tu presencia sanadora sea la que brille en mi vida. Cuando lances tu bendición como flecha, a mí sea dirigida, ayúdame a ser fuerte en forma total. Esta novena con amor te rezo desde el umbral. Enriquece de energía el agua que bebo y mi comida, para que sea por todo mi cuerpo extendida. Hermoso Príncipe guerrero asómate al ventanal, mándame una señal con tus labios de coral.

Padre Nuestro, que estás en el cielo, santificado sea tu nombre; venga a nosotros tu reino; hágase tu voluntad, en la tierra como en el cielo. Danos hoy nuestro pan de cada día; perdona nuestras ofensas,

como también nosotros perdonamos a los que nos ofenden; no nos dejes caer en la tentación, y líbranos del mal. Amén.

Dios te salve, María, llena eres de gracia, el Señor es contigo. Bendita tú eres entre todas las mujeres, y bendito es el fruto de tu vientre: Jesús. Santa María, Madre de Dios, ruega por nosotros, pecadores, ahora y en la hora de nuestra muerte. Amén.

Gloria al Padre, al Hijo y al Espíritu Santo. Como era en el principio, ahora y siempre, por los siglos de los siglos. Amén.

## DÍA TERCERO

Esta novena te vengo a ofrendar, para pedirte vengas a ayudarme, con tus artes poderosas estoy seguro el alma podrás sanarme. San Rafael Arcángel tu poder es total. Construye una muralla de cristal, alrededor de mi espíritu, para que solamente lo puro pueda tocarme. Ven con tu espada gloriosa a protegerme armado con tu escudo de Santo metal y de bendiciones lleno el costal. Santísimo Ángel de día y noche acude a cuidarme. Dulce Señor ilumina mi alma y todo lo que la fortalezca dame.

Padre Nuestro, que estás en el cielo, santificado sea tu nombre; venga a nosotros tu reino; hágase tu voluntad, en la tierra como en el cielo. Danos hoy nuestro pan de cada día; perdona nuestras ofensas, como también nosotros perdonamos a los que nos ofenden; no nos dejes caer en la tentación, y líbranos del mal. Amén.

Dios te salve, María, llena eres de gracia, el Señor es contigo. Bendita tú eres entre todas las mujeres, y bendito es el fruto de tu vientre: Jesús. Santa María, Madre de Dios, ruega por nosotros, pecadores, ahora y en la hora de nuestra muerte. Amén.

Gloria al Padre, al Hijo y al Espíritu Santo. Como era en el principio, ahora y siempre, por los siglos de los siglos. Amén.

## DÍA CUARTO

Entre ángeles fuiste elegido por tus procederes positivos. Eterno Arcángel Rafael libera mi mente de pensamientos negativos, para que de todo lo que estorba quede limpio y mi espíritu sienta verdadero alivio. Sólo dame una mirada de tus ojos límpidos como el lirio, para que mi alma se vea sanada, con tus milagros curativos y tus métodos creativos. Permite Ángel de luz que cada mañana me levante con nuevos bríos. Reverenciado Arcángel iluminas cualquier camino sombrío. Al mirar tu rostro hermoso con el corazón te sonrío.

Padre Nuestro, que estás en el cielo, santificado sea tu nombre; venga a nosotros tu reino; hágase tu voluntad, en la tierra como en el cielo. Danos hoy nuestro pan de cada día; perdona nuestras ofensas,

como también nosotros perdonamos a los que nos ofenden; no nos dejes caer en la tentación, y líbranos del mal. Amén.

Dios te salve, María, llena eres de gracia, el Señor es contigo. Bendita tú eres entre todas las mujeres, y bendito es el fruto de tu vientre: Jesús. Santa María, Madre de Dios, ruega por nosotros, pecadores, ahora y en la hora de nuestra muerte. Amén.

Gloria al Padre, al Hijo y al Espíritu Santo. Como era en el principio, ahora y siempre, por los siglos de los siglos. Amén.

## DÍA QUINTO

Sagrado Rafael Arcángel te entrego esta novena para honrarte y pedirte me des tu ayuda libertadora. Llena mi mente de luz para que solamente pueda ver tu presencia sanadora, construye a mí alrededor una muralla de energía con tu amor y limpia mi pensamiento de cualquier temor. Santo Arcángel de gran audacia vencedora, lleno de gracia encantadora. Ilumíname para actuar bien y presentarme ante ti con honor. Esta novena te ofrezco para que me concedas este favor. Protégeme con tu armadura de bendiciones portadora, ante grandes batallas ganadora.

Padre Nuestro, que estás en el cielo, santificado sea tu nombre; venga a nosotros tu reino; hágase tu voluntad, en la tierra como en el cielo. Danos hoy nuestro pan de cada día;

16

perdona nuestras ofensas, como también nosotros perdonamos a los que nos ofenden; no nos dejes caer en la tentación, y líbranos del mal. Amén.

Dios te salve, María, llena eres de gracia, el Señor es contigo. Bendita tú eres entre todas las mujeres, y bendito es el fruto de tu vientre: Jesús. Santa María, Madre de Dios, ruega por nosotros, pecadores, ahora y en la hora de nuestra muerte. Amén.

Gloria al Padre, al Hijo y al Espíritu Santo. Como era en el principio, ahora y siempre, por los siglos de los siglos. Amén.

## DÍA SEXTO

**D**ivino Arcángel de fuerza avasalladora, construye alrededor de mi mente una barrera protectora, que solamente los pensamientos de luz y sanación puedan entrar. Cúbreme con tu capa de guerrero vencedor y la tranquilidad pueda encontrar. Maravilloso San Rafael dame tu ayuda redentora. Quiero sentarme en paz arrullado en mi mecedora y esta novena con amor para ti rezar, tu divina gracia alcanzar. Reverenciado Señor me inclino a tus pies para recibir tu sagrada bendición auxiliadora. Bellísimo Ángel de la aurora permíteme tu mejilla besar.

**P**adre Nuestro, que estás en el cielo, santificado sea tu nombre; venga a nosotros tu reino; hágase tu voluntad, en la tierra como en el cielo. Danos hoy nuestro pan de cada día;

18

perdona nuestras ofensas, como también nosotros perdonamos a los que nos ofenden; no nos dejes caer en la tentación, y líbranos del mal. Amén.

Dios te salve, María, llena eres de gracia, el Señor es contigo. Bendita tú eres entre todas las mujeres, y bendito es el fruto de tu vientre: Jesús. Santa María, Madre de Dios, ruega por nosotros, pecadores, ahora y en la hora de nuestra muerte. Amén.

Gloria al Padre, al Hijo y al Espíritu Santo. Como era en el principio, ahora y siempre, por los siglos de los siglos. Amén.

## DÍA SÉPTIMO

Te ofrendo esta novena Príncipe del cielo y este incienso con aroma a pomelo, para que con tu espada ligera, limpies mi cuerpo de vibraciones, para todo lo que lo enferma pueda echar fuera. Toquen para ti el violoncelo y el violín, para con su música te venga a adorar. Con el corazón limpio ante ti me pueda presentar. Divino Ángel dame tu luz tranquilizadora y tu Santa bendición fortificadora. Dulce Arcángel de bondad, todo el que te mira te llega a amar.

Padre Nuestro, que estás en el cielo, santificado sea tu nombre; venga a nosotros tu reino; hágase tu voluntad, en la tierra como en el cielo. Danos hoy nuestro pan de cada día; perdona nuestras ofensas, como también nosotros perdonamos a los que nos ofenden; no nos dejes caer

20

en la tentación, y líbranos del mal. Amén.

Dios te salve, María, llena eres de gracia, el Señor es contigo. Bendita tú eres entre todas las mujeres, y bendito es el fruto de tu vientre: Jesús. Santa María, Madre de Dios, ruega por nosotros, pecadores, ahora y en la hora de nuestra muerte. Amén.

Gloria al Padre, al Hijo y al Espíritu Santo. Como era en el principio, ahora y siempre, por los siglos de los siglos. Amén.

## DÍA OCTAVO

Santísimo Arcángel Rafael que habitas las celestes salas, donde alumbran bellas libélulas. Escucha estas oraciones que te rezo con esta novena con miles de razones. San Rafael llena mi cuerpo de luz para que tu presencia sanadora renueve todas mis células, protégeme con tus centinelas, para que llegue a mí tu rayo milagroso digno de ovaciones. En el cielo los querubines entonen bellas canciones y los peces dancen luciendo sus brillantes lentejuelas. La nieve adorne el cielo desprendiendo sus blancas hojuelas. Sólo para adorarte Soldado de tiernas curaciones.

Padre Nuestro, que estás en el cielo, santificado sea tu nombre; venga a nosotros tu reino; hágase tu voluntad, en la tierra como en el cielo. Danos hoy

22

nuestro pan de cada día; perdona nuestras ofensas, como también nosotros perdonamos a los que nos ofenden; no nos dejes caer en la tentación, y líbranos del mal. Amén.

Dios te salve, María, llena eres de gracia, el Señor es contigo. Bendita tú eres entre todas las mujeres, y bendito es el fruto de tu vientre: Jesús. Santa María, Madre de Dios, ruega por nosotros, pecadores, ahora y en la hora de nuestra muerte. Amén.

Gloria al Padre, al Hijo y al Espíritu Santo. Como era en el principio, ahora y siempre, por los siglos de los siglos. Amén.

## DÍA NOVENO

Dichoso Ángel de todos el mejor, de miles de almas salvador, siempre que te necesito vienes a consolarme. San Rafael esta novena te rezo con fervor, construye alrededor de mi cuerpo un escudo protector, para que solamente tus vibraciones de sanidad puedan alcanzarme. Provéeme de tu alimento saludable, para que fuerte y sano puedas encontrarme, escuchando el canto del grillo arrullador y el paso del viento tranquilizador. Reverenciado San Rafael haz que de energía positiva me arme, para que mi corazón de tus bendiciones se colme.

Padre Nuestro, que estás en el cielo, santificado sea tu nombre; venga a nosotros tu reino; hágase tu voluntad, en la tierra como en el cielo. Danos hoy nuestro pan de cada día;

24

perdona nuestras ofensas, como también nosotros perdonamos a los que nos ofenden; no nos dejes caer en la tentación, y líbranos del mal. Amén.

Dios te salve, María, llena eres de gracia, el Señor es contigo. Bendita tú eres entre todas las mujeres, y bendito es el fruto de tu vientre: Jesús. Santa María, Madre de Dios, ruega por nosotros, pecadores, ahora y en la hora de nuestra muerte. Amén.

Gloria al Padre, al Hijo y al Espíritu Santo. Como era en el principio, ahora y siempre, por los siglos de los siglos. Amén.

## ORACIÓN FINAL

**J**unto con Miguel y Gabriel tu nombre fue extensamente conocido y entre muchos Ángeles escogido, San Rafael Arcángel de los novios protector y de los espíritus necesitados sanador. De cristal transparente construye una muralla, para que lo negativo a mi cuerpo no entre. Tú que con ternura al que te invoca has escuchado, cúbreme con tu capa y quede yo sanado. Divino Guerrero de amor dame tu luz y tápame con tu escudo salvador. Santísimo Arcángel por mí siempre serás adorado. Dulce Soldado las batallas has ganado.

**P**adre Nuestro, que estás en el cielo, santificado sea tu nombre; venga a nosotros tu reino; hágase tu voluntad, en la tierra como en el cielo. Danos hoy nuestro pan de cada día; perdona nuestras ofensas,

como también nosotros perdonamos a los que nos ofenden; no nos dejes caer en la tentación, y líbranos del mal. Amén.

Dios te salve, María, llena eres de gracia, el Señor es contigo. Bendita tú eres entre todas las mujeres, y bendito es el fruto de tu vientre: Jesús. Santa María, Madre de Dios, ruega por nosotros, pecadores, ahora y en la hora de nuestra muerte. Amén.

Gloria al Padre, al Hijo y al Espíritu Santo. Como era en el principio, ahora y siempre, por los siglos de los siglos. Amén.

Papá Dios: que tu sabiduría nos guíe; que tu luz ilumine nuestro camino; que tu amor nos de paz; que tu poder nos proteja, y que por donde quiera que caminemos, tu presencia nos acompañe. Gracias Papá Dios que ya nos óiste. Amén.

www.ingramcontent.com/pod-product-compliance
Lightning Source LLC
Chambersburg PA
CBHW070635150426
42811CB00050B/318